PIERRE LEROUX

EN VENTE CHEZ LE MÊME LIBRAIRE

CONFESSIONS
DE MARION DELORME

PAR EUGÈNE DE MIRECOURT

Livraisons à 25 centimes, avec gravures.
fr. l'ouvrage complet par la poste.

Paris. — Typ. de Gaittet et Cie, rue Gît-le-Cœur, 7.

PIERRE LEROUX

Publié par G. HAVARD   Imp. Lemercier, 57 r. St Jacq. Paris.

LES CONTEMPORAINS

PIERRE LEROUX

PAR

EUGÈNE DE MIRECOURT

PARIS

GUSTAVE HAVARD, ÉDITEUR

BOULEVARD DE SÉBASTOPOL
rive gauche

L'Auteur et l'Éditeur se réservent tous droits de reproduction

1858

PIERRE LEROUX

En examinant le portrait du personnage que nous allons peindre, chers lecteurs, ne vous sentez-vous point émus ?

Quelle tête admirable de bonhomie ! quel regard plein de sérénité candide !

Le calendrier démocratique et social ne compte pas les saints en grand nombre.

Pierre Leroux est le seul peut-être qui soit véritablement digne de l'auréole.

O grand apôtre du socialisme, nous nous inclinons devant ta face honnête!

A coup sûr, tes doctrines sont absurdes; mais ton âme est loyale, mais ton cœur est généreux et plein de sentiments tendres. Dans tes œuvres illogiques règne la bonne foi la plus entière.

« Solon, dis-tu, voulait que, lors des discordes civiles, chaque citoyen se prononçât ouvertement pour un parti. »

Et tu ajoutes :

« S'il faut suivre la loi de Solon dans la discorde actuelle du genre humain, j'écris pour les esclaves contre les maîtres, pour les faibles contre les forts, pour les pauvres contre les riches, pour tout ce qui souffre sur la terre contre tout ce qui, profitant de l'inégalité présente, abuse des dons du Créateur !. »

Excellent homme! digne et compatissante nature!

L'essai d'application de tes doctrines a failli jeter la société dans un gouffre, et tu serais resté, les mains jointes, au bord de l'abîme, à déplorer tardivement ton erreur.

Depuis Solon, le Christ est venu, mon pauvre philosophe. Il faut tâcher quelquefois de s'en souvenir.

Nous ne répéterons pas ce que nous avons dit vingt fois ailleurs.

¹ *De l'Égalité*, page 10 de la préface.

Ton histoire est une nouvelle preuve que les plus nobles intelligences s'égarent, dès qu'elles repoussent le flambeau céleste pour tourner exclusivement leurs yeux vers ce globe de boue, et y chercher le diamant introuvable qu'on appelle bonheur.

Le père de la *triade* est né à Paris, en 1797, sur le quai des Grands-Augustins, dans la maison actuellement occupée par le libraire Didier.

Ses parents, pauvres et laborieux villageois, originaires des environs de Paris, eurent trois autres enfants dont nous aurons à parler dans le cours de ce volume.

Renonçant, après la naissance de leur fils aîné, au séjour de la capitale, nous les voyons s'établir au village des Mureaux, où ils possèdent une maisonnette et quelques arpents de sol cultivable.

Pierre, jusqu'à l'âge de huit ans, gambade sur la verte pelouse des prairies et à l'ombre des bois.

On ne songe même pas à lui apprendre ses lettres, quand un voisin de son père s'amuse à lui lire, un soir d'automne, au coin de l'âtre, les *Aventures des quatre fils Aymon.*

L'enfant, émerveillé de ce roman de chevalerie, en demande avec instance une seconde lecture.

— Apprends ta croix de par Dieu, mon petit homme, répond le voisin; quand tu sauras lire, je te prêterai le volume, et tu le recommenceras dix fois, si bon te semble.

Excité par cette agréable perspective, Pierre étudie l'alphabet, et lit couramment en moins de huit jours.

On crie au miracle.

Un ami de la maison, personnage fort instruit, se charge de diriger notre héros dans ses premières études. L'admirateur des quatre fils Aymon fait des progrès merveilleux.

Ses parents, décidés à tous les sacrifices pour achever son éducation, reviennent à Paris et l'envoient au collége Charlemagne.

A cette époque, les troubles révolutionnaires avaient éteint le principe religieux dans bien des cœurs. La famille du jeune élève n'était point chrétienne.

Pierre, à l'âge de douze ans, tranchait déjà de l'esprit fort et se permettait de condamner les points les plus sérieux du dogme évangélique.

On l'emmène un dimanche à l'église Saint-Louis, au Marais, où il entend un prédicateur parler de l'enfer.

La peinture des supplices éternels le révolte. Il se lève, tout courroucé, au milieu du sermon, et quitte le temple en criant :

— Ce n'est pas vrai ! non, ce n'est pas vrai !

Peu de jours après, il tombe malade. Dans son délire, il éclate en diatribes furibondes contre la damnation et contre ceux qui la prêchent.

Guéri d'une fièvre maligne, Pierre retourne à Charlemagne. Il obtient, au bout de l'année scolaire, un prix au grand concours.

Ses frères sont nés.

Les ressources de la maison s'épuisent; il n'y a plus possibilité de payer pension au collége : la ville de Paris accorde au jeune élève une bourse complète au lycée de Rennes. Pierre va terminer ses études dans la vieille capitale de l'Armorique.

Studieux et docile, notre héros gagne l'affection de ses maîtres.

En même temps ses condisciples l'idolâtrent pour sa bonté de caractère et son obligeance.

Doué d'une magnifique facilité de travail, il a toujours terminé ses devoirs bien avant les autres, et consacre le temps qui lui reste à venir en aide aux élèves paresseux ou faibles.

Pendant les récréations, on se groupe autour de lui pour entendre des résumés d'histoire ou de petits discours philosophiques, dans lesquels il donne déjà la preuve d'une originalité d'esprit fort suspecte de paradoxe.

On le considère comme l'oracle du lycée.

Quelques-uns des grands externes, ayant en leur possession les œuvres matérialistes du dix-huitième siècle, puisent dans cette lecture des principes odieux, qu'ils ne se décident toutefois à professer ouvertement qu'après avoir consulté Pierre Leroux.

Celui-ci, lisant à son tour le *Système de la nature* et le *Bon Sens du curé Meslier*, se déclare pour la doctrine de l'athéisme et encourage ses camarades à la suivre.

Plus tard, il renia ce système désespérant.

Il daigna, comme M. de Robespierre, proclamer l'existence de l'Être suprême dans un livre qui a pour titre : *De Dieu, ou de la Vie universelle*.

Véritablement, c'est une concession dont la Divinité doit être fort reconnaissante à ces messieurs.

Le professeur de logique de Pierre Leroux agitant, par intervalles, certaines questions philosophico-religieuses, notre héros l'embarrassait par des objections aussi étranges qu'inattendues.

— Certes, dit un jour le maître à l'élève, le christianisme aura maille à partir avec vous, jeune homme. Vous lui ferez beaucoup de bien ou beaucoup de mal.

Après s'être destiné quelque temps à la carrière de l'instruction, Pierre Leroux y renonça et concourut pour entrer à l'école Polytechnique.

Ses examens furent heureux. On le reçut un des premiers.

Mais, son père étant mort, sur les entrefaites, et sa mère restant veuve avec quatre enfants, il ne put songer à profiter de son admission [1]. Chef de la famille et comprenant ses devoirs, il s'empressa de chercher une place qui pût l'aider à nourrir les siens.

Or une place est difficile à trouver, surtout quand on la cherche.

La pauvreté de sa mère devenait extrême, et ses frères étaient beaucoup trop jeunes encore pour gagner leur vie par le travail.

Enfin notre héros obtient un emploi de commis chez un agent de change. Il tou-

[1] Pourtant il n'abandonna pas tout à fait ses études. Il cultiva les sciences philosophiques, lut les écrits des stoïciens et se lia d'amitié avec Geoffroy Saint-Hilaire, dont il suivait les cours au Jardin des Plantes.

che dix-huit cents francs d'honoraires. On fait l'éloge de son aptitude ; mais le spectacle de l'agio lui soulève le cœur.

Son patron le voit partir.

De tous côtés on lui offre des places analogues à celle qu'il abandonne, et avec plus d'avantages comme finances ; il les repousse, déclarant qu'il veut être ouvrier, puisqu'il ne trouve à exercer aucune carrière à la fois libérale et honnête.

Ceci nous semble une assez curieuse assertion.

Bien évidemment notre héros tenait à mettre, dès cette époque, la société dans ses torts.

Prenez-les tous l'un après l'autre ; étudiez leurs débuts; sondez le caractère des personnages les plus honorables de la bande, le caractère de Proudhon, de Raspail et celui de l'homme auquel nous consacrons ce volume : ils tournent contre la société les armes qu'ils en ont reçues, et la rendent responsable de ses bienfaits.

Il est certain qu'avant la Révolution de 93 et l'émancipation des classes inférieures Proudhon serait resté tonnelier, Raspail aubergiste, et Pierre Leroux cultivateur.

Pour eux, les portes de l'intelligence se sont ouvertes. L'éducation leur a tendu sa mamelle féconde.

Que demandaient-ils de plus?

Une fortune acquise à l'instant même, sans travail et sans effort.

Oh! ne le niez point : tout le secret de votre conduite est là. Vous sentant des ailes, vous avez voulu gagner au plus vite les hautes régions.

Les obstacles vous ont irrités.

Trop nobles de cœur et trop probes pour demander le succès au vice et à l'intrigue, vous n'avez pas eu le bon esprit de le demander à la patience et au courage. Vous avez répudié le christianisme et ses maximes pour accepter un autre évangile, indigne de vous, celui qui prêche exclusivement les jouissances matérielles, et qui donne carrière aux instincts du ventre.

Il y a des riches et des pauvres...
Voyez l'infamie ! En avant le socialisme !
aux armes !

Et voilà l'énigme expliquée.

La France s'est vue à deux doigts de sa
perte, parce que MM. Leroux, Proudhon,
Raspail et consorts, émancipés par nos
institutions libres, et n'ayant pas la foi
religieuse, unique sauvegarde des réfor-
mes et du progrès, ont donné pour base à
leur apostolat de mensonge l'aigreur et les
passions avides.

Ainsi notre héros, comme nous le di-
sions tout à l'heure, tenait à mettre la société dans ses torts.

Nous le voyons entrer chez un entrepreneur en bâtiments, où il s'engage pour
servir les maçons, jouant un rôle à peu

près analogue à celui que joua plus tard ce professeur de l'Université qui se prit à décrotter des bottes sur le pont Neuf, à la plus grande humiliation du ministre Guizot.

Un maître imprimeur, cousin de Pierre Leroux, M. Erhan, lui fait abandonner la maçonnerie et lui donne un emploi dans ses ateliers.

Il gagne alors de quoi soutenir honorablement sa famille.

Ses jeunes frères, Achille, Jules et Charles Leroux, dirigés par lui, deviennent typographes.

Achille, cinq ans après, abandonna l'imprimerie pour se livrer à l'agriculture. Longtemps il s'occupa de cultiver des champignons dans les carrières voisines de Paris. Tous les matins, il venait vendre lui-même ses produits à la Halle. Sur la fin du règne de Louis-Philippe, il obtint des concessions de terrain en Algérie. Probablement il y prêcha trop haut les doctrines socialistes, car, après décembre, il fut enlevé par l'autorité militaire et transporté six mois à Lambessa.

Jules, compositeur comme son frère aîné, s'occupa beaucoup de politique et un peu de littérature. On a de lui quelques opuscules, dont voici les titres : — *De la nécessité de fonder une association pour rendre les ouvriers propriétaires de leurs instruments de travail* (1833); — le *Prolétaire et le Bourgeois* (1840); — *Thomas le Rageur*, comédie-vaudeville (1842) ; — *Qu'est-ce que la République ?* (1848). Il a écrit, en outre, beaucoup d'articles dans le *Globe* et dans l'*Encyclopédie nouvelle*. Une brochure révolutionnaire, adressée aux électeurs de la Creuse, est cause de son exil.

Charles se fit imprimeur, c'est-à-dire ouvrier pressier. Il est aujourd'hui à Jersey avec Pierre et Jules.

Nous revenons au héros de cette histoire.

En 1816, Pierre Leroux entre à l'imprimerie Panckoucke en qualité de prote. On le charge exclusivement de la correction des ouvrages classiques.

L'année suivante, il perd sa mère.

Ses idées philosophiques prenaient déjà depuis longtemps l'extension d'un système. Il faisait partout de la propagande, à l'atelier, aux champs, à la ville. L'œuf du socialisme était pondu par notre homme; il ne s'agissait que de le couver et de le faire éclore.

Comme la plupart des libéraux sous la Restauration, Pierre Leroux était nuancé de bonapartisme.

Il épousa, vers 1821, une simple ouvrière qui lui donna cinq enfants. Cette première femme est morte, et l'apôtre a convolé, depuis, à un second mariage.

Le besoin de philosopher n'est pas la passion exclusive de Pierre Leroux. Il a dans sa nature le génie des combinaisons mécaniques et celui des entreprises industrielles.

Voulant simplifier le travail des compositeurs d'imprimerie, il inventa pour eux le pianotype, machine ainsi appelée parce qu'elle possède comme le piano un clavier, sur lequel il suffit de poser le doigt pour faire arriver tour à tour chaque lettre à sa place dans un instrument où elles s'alignent.

Très-habile à façonner le bois et les métaux, notre philosophe commence, avec l'aide de ses frères, la construction de cette machine.

Mais il est obligé de renoncer à son projet, faute d'argent [1].

---

[1] Vingt ans plus tard, des capitalistes lui vinrent en aide, et le pianotype fonctionna, mais sans donner de résultats satisfaisants. D'autres, après Pierre Leroux,

Alors il s'ingénie à trouver pour la fonte des caractères un procédé aussi expéditif que celui dont il vient de faire la découverte pour accélérer le travail de la composition.

Jusque-là, on n'avait obtenu que cent cinquante lettres au moyen du procédé polyamatype. Grâce à une combinaison nouvelle, Pierre Leroux arrive à un chiffre quatre fois plus considérable.

Il intéresse à son invention le duc de Luynes, le seul homme du siècle qui sache encore agir en grand seigneur.

Le duc lui donne quarante mille francs

---

ne furent pas plus heureux. L'imprimerie de Paul Dupont fit l'essai d'une de ces machines, et dut renoncer à s'en servir.

pour procéder à des expériences décisives. Mais, soit que la somme ne fût pas suffisante, soit que l'inventeur eût mal jeté ses plans, la fonte de caractères ne réussit pas, et tout fut perdu.

Même dans ses projets les mieux combinés, Pierre Leroux a été constamment malheureux.

Cette chance funeste l'a suivi partout.

Ses tentatives comme écrivain n'ont pas été plus fécondes que ses tentatives industrielles.

Admirés de quelques lecteurs d'élite, ses livres ne sont jamais devenus populaires. Il est resté pauvre après comme avant leur publication.

Dégoûté de l'industrialisme, il songe à créer un journal.

Sachant que l'imprimerie Cellot, dans laquelle il exerce les fonctions de prote, est à vendre, il la fait acheter par un de ses anciens camarades de collége, M. de Lachevardière.

Tous les deux s'adjoignent un troisième condisciple de Charlemagne, M. Dubois (de la Loire-Inférieure). Lachevardière avance des fonds, et le premier numéro du *Globe* s'imprime.

Arrivent aussitôt, comme rédacteurs, Guizot, Villemain, Rémusat et Cousin.

Cette phalange doctrinaire se grossit de Léon de Malleville, de Duvergier de Hauranne et de Duchâtel.

Notre héros, qui avait l'intention de donner au *Globe* une tendance républicaine, est débordé de prime abord. En vain il glisse çà et là des articles sur la liberté d'association, sur la philosophie du droit, sur l'état de l'industrie et sur les systèmes financiers, la nuance doctrinaire triomphe et le socialisme est battu.

« Pierre Leroux, a dit quelque part M. de Rémusat, peut traiter, comme Leibnitz, toutes sortes de sujets. »

Voilà, certes, un bel éloge, et qui rappelle agréablement le *De omni re scibili et de quibusdam aliis*. Mais le tort de Pierre Leroux a été peut-être d'embrasser trop de matières et d'entamer trop de discussions sans jamais conclure. Il donne ainsi une marge énorme aux fauteurs de trouble, qui le tiennent en laisse avec ses doctrines indécises, et parviennent à le conduire où il n'aurait jamais été de lui-même.

Quelques articles fort remarquables sur Napoléon, publiés dans le *Globe*, excitèrent la curiosité du prince de Talleyrand.

— Quel est l'auteur de ces articles? demanda le vieux diplomate.

On lui cita Pierre Leroux.

— Allez prier cet écrivain de passer à mon hôtel, dit le prince. Je désire le voir et le connaître.

Mais le rigide philosophe s'imagina qu'on voulait le corrompre, ce qui, du reste, n'était pas impossible. Il refusa de se présenter chez l'ancien ministre, et témoigna hautement son aversion pour celui qu'il appelait le fourbe par excellence et le traître à toutes les causes.

Talleyrand ne se découragea point; il vint lui-même rendre visite à l'auteur des articles.

Celui-ci fut inflexible et ferma sa porte.

Il est certain qu'un homme agissant de cette manière est un honnête homme, quels que soient, d'ailleurs, ses torts en logique.

Lors de la création du *Globe*, il ne s'était attribué, comme prote, que de modestes appointements, et le succès du journal fut loin de l'enrichir. Son but, avant de s'occuper de sa fortune, était de livrer bataille aux hommes de la doctrine et de semer des entraves sur le chemin de leur ambition.

— Quand viendra notre ministère, monsieur Leroux? dit un soir Guizot, lui frappant amicalement sur l'épaule.

— Dites votre ministère, répondit le prote. Je ne serai jamais ministre; mais les personnages de votre trempe, monsieur, le deviennent toujours.

Guizot reçut le coup de boutoir et ne trouva rien à riposter.

Le 25 juillet 1830 arrive.

C'était le jour de la publication des ordonnances.

Pierre Leroux résiste aux conseils de l'homme de Gand, de Cousin, de Villemain et de toute la phalange doctrinaire.

Il brave les menaces ministérielles, fait paraître le *Globe*, et se rend, le 26, avec la députation de la presse, chez le grand patriote Dupin.

Fort mécontent du peuple et des journaux, ce dernier déclare qu'on ne doit point espérer son concours.

— Messieurs, dit-il, les ordonnances sont parfaitement valides... J'ai bien l'honneur de vous saluer !

Pierre Leroux signe, le 27, la protestation forgée dans les bureaux du *National*. Il l'imprime à la première colonne du *Globe*, et, le 28, un mandat d'arrêt est lancé contre lui.

Regardant comme une lâche action de

se cacher ou de fuir, il arrive comme d'habitude à l'imprimerie du journal.

Tout à coup des agents s'y précipitent.

On veut s'emparer de sa personne ; mais les compositeurs rossent la police, la jettent dans la rue, prennent ensuite les armes et vont faire le coup de feu.

Leroux est à leur tête.

Après la victoire, il se rend à l'Hôtel de Ville en toute hâte, afin d'obtenir de la Fayette qu'il proclame la République. Le vieux général hésite, ou plutôt semble hésiter, car l'escamotage au profit de l'orléanisme était déjà convenu.

Messire Odilon Barrot survient.

La Fayette cause avec lui, sort au bout

de quelques minutes, comme pour le reconduire, et notre héros attend vainement trois grandes heures le retour de ses espérances républicaines.

Elles étaient au Palais-Royal, en train de se marier à Louis-Philippe, avec lequel les malheureuses devaient faire si triste ménage.

Le lendemain, M. de Rémusat dit à Pierre Leroux :

— Vous avez été parfaitement joué, mon cher. Ceci se tramait de longue date. Et puis, entre nous, votre République est une franche utopie!

Tous les rédacteurs du *Globe* devinrent ministres, députés, ambassadeurs, préfets ou conseillers d'État.

Pierre Leroux adressa des félicitations ironiques à cette nichée de fonctionnaires, et conclut alliance avec les saint-simoniens, dont la religion bizarre lui semblait sympathique aux intérêts de l'humanité souffrante.

Saint-Simon, jadis, lui avait expliqué sa doctrine.

Il s'arrangea pour que le *Globe* fût vendu aux disciples de ce grand réformateur, et le voilà bel et bien affilié à la secte.

On l'envoie en Belgique avec trois ou quatre membres de la nouvelle Église, afin d'y exercer la prédication. Chemin faisant, un des apôtres révèle à notre candide humanitaire quelques points secrets du dogme.

Pierre Leroux, indigné, quitte la bande, regagne Paris, et somme Bazard et Enfantin de lui donner des explications.

Ces messieurs désavouent les propos du frère indiscret.

Notre apôtre se rassure. Il s'abandonne pleinement à la fièvre de la propagande, prêche matin et soir, nuit et jour, le long des rues, au milieu des promenades, dans les cafés, dans les salons, dans les mansardes, partout.

Deux fois la semaine, assisté de son frère Jules, il appelle le public à de solennelles conférences, ouvertes place Sorbonne.

Bref, il part, en compagnie de Jean Reynaud, pour catéchiser les régions méridionales.

Tour à tour Lyon et Grenoble reçoivent le pain de la doctrine. Mais, sur les entrefaites, on apprend que les turpitudes et les abominations, niées d'abord par les apôtres en chef, viennent d'obtenir une sanction formelle et se prêchent ouvertement à Paris.

Leroux et Jean Reynaud se décident à une rupture éclatante.

« Vous êtes encore trop imbus des préjugés du christianisme, leur écrit le père Enfantin, pour comprendre le saint-simonisme et pour vivre dans sa communion. »

Ces paroles sentencieuses du grand prêtre de la doctrine furent impuissantes sur l'esprit chaste de notre héros.

Dans presque tous ses ouvrages, il s'est élevé, depuis, fort énergiquement contre les impuretés saint-simoniennes et fouriéristes.

On l'a vu se constituer l'inexorable adversaire du monstrueux système de promiscuité féminine adopté par ces deux sectes. Comme Proudhon, jamais il n'a compromis les bonnes mœurs dans le naufrage de sa logique.

Après sa rupture avec Enfantin, nous le voyons reprendre la plume.

Il travaille à la *Revue des Deux Mondes*, qui s'était faite, en 1830, sinon démocratique, du moins excessivement libérale.

Un jour il apporte à Buloz un article sur Dieu.

— Eh! miséricorde! qu' voulez-vous que j'en fasse? dit l'entrepreneur littéraire. Dieu! ça n'a point d'actualité, mon cher monsieur Leroux. Trouvez autre chose.

La *Revue des Deux Mondes* cesse tout à coup d'être libérale. Elle se déclare la très-humble servante de la monarchie de Juillet.

Pierre Leroux, au premier signe de revirement, retire ses articles des mains de Buloz, les offre à M. Carnot [1], acquéreur

---

[1] Le même qui, nommé ministre sous la République, se vit si complétement écrasé par le souvenir de son père.

de la *Revue encyclopédique,* et collabore très-activement à cette publication.

Il y amène, comme rédacteur, son ami Jean Reynaud.

Tous les deux sont si pauvres, que, le jour où ils commencent leur premier article, il ne possèdent pas quinze sous pour leur déjeuner commun.

Notre philosophe, dans le journal de M. Carnot, jette la base de sa doctrine de l'*Humanité.* Plus tard, en 1833, il continue son exposé de principes dans l'*Encyclopédie nouvelle,* éditée par le libraire Gosselin.

Cette œuvre n'eut qu'un succès d'estime.

Fort bien accueillie des gens de lettres et des savants, elle trouva le public froid, et cessa de vivre, faute de souscripteurs. Pour vendre le tirage, on fit un raccord entre les quatre premières lettres de l'alphabet et le Z, en consacrant un ou deux articles à chacune des lettres qui n'avaient point été traitées. Les principaux mots développés par Pierre Leroux sont : *Calvin,* — *Égalité,* — *Abstraction,* — *Bayle,* — *Bentham,* — *Bonheur,* — *Saint Bonaventure,* — *Confession,* — *Confirmation,* — *Canonisation,* — *Catéchisme,* — *Cartes,* — *Voltaire,* — *Dieu,* — *Culte,* — *Concile,* etc.

Une dissidence relative à divers points de philosophie, notamment à la question de la vie future, s'étant enlevée entre lui et Jean Reynaud, il se retira pour ne point rompre l'unité de doctrine.

Son départ ne fut pas étranger à la non-réussite de l'œuvre.

Pierre Leroux prenait un rang glorieux parmi les philosophes ; mais sa bourse n'en était pas plus ronde, et maintes fois ses disciples furent obligés de lui prêter cinquante centimes pour acheter du tabac.

La misère fut le partage de toute son existence.

Un soldat ventru du *bataillon sacré* de Victor Cousin, ne pouvant pardonner à Leroux sa force de stoïcisme, écrivit, en guise de réfutation, « que le creux de ses théories était adéquat au creux de son gousset. »

Cette plaisanterie charmante fut lancée à propos du livre qui a pour titre *Réfutation de l'éclectisme*, où Pierre Leroux attaque avec énergie son ancien collaborateur du *Globe* et ses adhérents.

Quelques années plus tard, il remit Cousin sur la sellette, à propos de la mutilation d'un ouvrage posthume de Théodore Jouffroy.

Nous donnerons là-dessus quelques détails dans la notice que nous réservons au père de la philosophie éclectique, système commode qui permit à son auteur de devenir ministre de Louis-Philippe, après avoir fait l'éloge de Marat.

O comédiens! nous vous démasquerons tous.

George Sand et Louis Viardot proposèrent à notre héros, en 1841, de fonder avec leur concours la *Revue indépendante*, publication pour laquelle le docteur Ferdinand François, riche ami du socialisme, dépensa soixante mille francs, sans avoir la joie de conquérir des prosélytes au système.

La *Revue indépendante* mourut de consomption.

Pierre Leroux, en mémoire de la défunte, publia sa brochure intitulée *De la Ploutocratie*, où il démontre que la fortune de la France, pays de trente-six millions d'âmes, se trouve entre les mains d'un million d'individus.

Il ne conseille pas aux trente-cinq millions restants de réclamer le partage; mais les frères et amis se chargeraient volontiers de conclure pour l'auteur, si jamais on leur en offrait l'occasion.

Comme écrivain, Pierre Leroux a un style ténébreux dont nous devons donner un spécimen.

« *L'amour*, dit-il, *est l'idéalité de la réalité d'une partie de la totalité de l'être infini, réuni à l'objection du moi et du non moi; car le moi et le non moi, c'est lui.* »

Qu'en dites-vous, chers lecteurs?

Des lignes aussi bizarres et aussi abstraites méritent, vous en conviendrez, d'être lues uniquement par l'homme qui les compose, et c'est là précisément ce qui arrive à notre héros.

Nous lui pardonnons ses ouvrages, puisque la lecture en est impossible.

Mais, d'autre part, nous lui ferons un crime d'avoir inspiré certains volumes de madame George Sand.

Car madame George Sand a du style, un style puissant, hélas! qui donnerait, s'il était possible, une auréole au diable. Madame George Sand excite à merveille les passions politiques ou autres ; madame George Sand se fait lire et pénètre dans les masses.

Pierre Leroux le savait si bien, qu'il s'empressa de dicter à sa noble amie le plan de *Consuelo*.

Les doctrines humanitaires, habillées de jolies phrases et présentées au public par l'auteur d'*Indiana*, reçurent bon accueil.

Notre philosophe, encouragé, dicta de nouveaux plans à l'illustre bas bleu.

Spiridion, — le *Péché de M. Antoine*, — le *Compagnon du tour de France* et bien d'autres œufs littéraires ont été fécondés par ce coq socialiste.

— Il faut pourtant apprendre à écrire d'une manière intelligible, lui dit un jour la mère de *Lélia*. Exercez-vous à vaincre les difficultés de la langue, en traduisant quelque œuvre remarquable, le *Werther* de Gœthe, par exemple.

Pierre Leroux suivit ce conseil.

On affirme, ce qui est inadmissible, qu'il traduisit *Werther* sans connaître un mot d'allemand. Nous croyons plutôt qu'il se fit préparer le mot à mot de Gœthe, et qu'à l'aide de son illustre amie il changea ce mot à mot en beau style, car la traduction a réellement du mérite.

Outre madame Sand, Pierre Leroux avait bon nombre de disciples enthousiastes qui se chargeaient d'expliquer ses théories.

De 1842 à 1846, il y eut de chaudes conférences dans les mansardes parisiennes, et l'on essaya bientôt une première application du système humanitaire.

La petite ville de Boussac, dans la Creuse, fut choisie pour cette expérience.

M. Duchâtel, alors ministre, accorde à Pierre Leroux, son ex-collègue au *Globe*, un brevet d'imprimeur. Deux journaux, l'*Éclaireur* et la *Revue sociale*, destinés à répandre le bulletin de la doctrine qu'on expérimente, sont rédigés à Boussac même par Pierre et Jules Leroux, madame Pauline Rolland, Grégoire Champleix et Luc Desages.

Outre ces journaux, on imprime une foule de brochures socialistes.

Tout le département de la Creuse en est inondé.

Ceux des membres de l'association que ne réclame pas le service de l'imprimerie s'occupent aux travaux de la campagne, et cherchent à faire produire au sol une plus grande quantité de céréales que celle obtenue jusque-là par la culture ordinaire.

Si le socialisme n'eût pas fait d'autres tentatives, chacun aurait battu des mains, et la couronne civique serait aujourd'hui sur le front de Pierre Leroux.

Mais la propagande agitait des questions plus graves que la question des céréales.

On arborait de menaçants étendards. La guerre du pauvre contre le riche était prêchée sur tous les tons et dans toutes les formes, mais principalement dans la forme anticatholique.

Voici les titres des principaux ouvrages de Pierre Leroux, sortis des presses de Boussac : *D'une Religion nationale, ou du Culte ; — De l'Égalité ; —*

le *Carrosse de M. Aguado, ou si ce sont les riches qui payent les pauvres;* — *De Dieu, ou de la Vie considérée dans les êtres particuliers et dans l'Être universel* (nous avons déjà précédemment cité cet ouvrage); *De la Doctrine de la perfectibilité et du progrès continu;* — *Trilogie sur l'institution du dimanche,* etc.

Limoges fut témoin d'une grande manifestation humanitaire et d'un banquet monstre qui fit répéter ses toasts aux échos de la France. On citait la communauté de Boussac comme donnant le plus bel exemple de concorde, de fraternité, de mœurs pures.

Pierre Leroux avait changé, disait-on, tous ses typographes en petits saints.

Il ne s'agissait plus que de les revêtir, ainsi que les anciens néophytes, d'une robe blanche, symbole de la candeur, et d'employer leur zèle à une autre rénovation du monde.

Sur les entrefaites commencent les grandes manœuvres dirigées par Odilon Barrot en faveur de la réforme électorale.

Pierre Leroux croit son règne arrivé. Le moment lui semble propice pour lancer à Paris tous les limiers de sa propagande.

Bientôt il arrive à leur tête, sous le costume pittoresque des paysans de la Creuse.

L'éditeur Furne et l'ami Jean Reynaud lui reprochent d'ameuter les passants, avec son feutre à bords immenses et ses longs cheveux bouclés. Ils le décident, non sans peine, à prendre le chapeau bourgeois et à rogner sa chevelure.

Cela fait, notre Christ tondu sème le socialisme en pleine capitale, et se dispose à exploiter la révolution prochaine au profit de sa doctrine.

On lui laisse toute sa liberté d'action.

Le gouvernement ne paraît concevoir aucune inquiétude, et, chose étrange, les hommes du *National* seuls jettent le lacet dans ses jambes d'apôtre. Ils ne lui cachent pas que ses principes leur semblent séditieux, et que, le cas échéant, ils se montreront moins débonnaires que Louis-Philippe.

Pierre Leroux s'épouvante.

Il désire de toute son âme que le roi citoyen reste sur le trône, persuadé que les libéraux du *National*, dans leur triomphe, l'enverront à la guillotine sans le moindre scrupule.

Entendant, le soir du 22 février, les premières clameurs de l'émeute, il quitte Paris avec précipitation pour retourner dans la Creuse, décidé à y mourir, si M. Marrast le juge convenable.

La troupe fidèle de ses disciples le rassure.

Quand le télégraphe apporte les nouvelles du 24, notre philosophe a repris assez de courage pour saisir au fond de sa province les rênes du mouvement et faire proclamer la République à Boussac.

On le nomme d'emblée maire de la ville.

Ceci devenait tout à la fois glorieux et rassurant. M. Marrast y mettra sans doute quelque mesure : le moyen de guillotiner le premier magistrat d'un chef-lieu d'arrondissement, sans exciter ni réclamations ni scandale !

Pierre Leroux quitte ses administrés et rentre à Paris avec confiance. Il est accueilli à merveille par les ultra républicains.

Barbès, le grand Barbès, président du club de la Révolution, lui donne publiquement l'accolade.

Les hommes du *National* n'osent pas envoyer notre philosophe à la guillotine; mais ils profitent du 15 mai pour l'envoyer sous les verrous. Par malheur il est impossible de produire la moindre charge contre lui.

Caussidière, préfet de police, le fait rendre à la liberté.

Presque aussitôt sa candidature est mise en avant dans le Midi.

Messieurs du *National* dépêchent au plus vite le citoyen Trélat pour remuer Limoges et y combattre les prétentions du socialisme.

Quelques milliers de voix sont enlevés à Pierre Leroux.

Il n'a pas l'honneur d'être nommé représentant limousin; mais l'élection de Paris le dédommage, et il arrive à la

Chambre avec cent dix mille votes, en même temps que Louis Bonaparte et Proudhon.

Son premier discours, veuf de toute profession de foi humanitaire, invite le pouvoir à coloniser l'Algérie.

On l'écoute religieusement.

Chacun s'étonne de trouver à l'un des ogres du socialisme un cachet de bonhomie si précieux, et de l'entendre proposer des choses si douces, si convenables, si dégagées de perturbation.

Ses collègues se disent à l'oreille :

— Mais il est fort bien, ce garçon-là ! D'honneur, il ne paraît pas méchant du tout.

Le 15 juin, autre discours.

Cette fois, la Chambre aperçoit un bout de l'oreille socialiste, et l'orateur est interrompu par d'assez violents murmures. Ses disciples, le lendemain, lui font frapper une médaille, sur la face de laquelle on lit :

République démocratique et sociale.

Pierre Leroux.

Et, sur le revers :

Assemblée nationale.

Séance du 15 juin.

« *Depuis trois mois qu'avez-vous fait? Rien. Comme Malthus, vous aussi, vous semblez admettre que, si un pauvre naît là où un riche n'a pas besoin de ses services, ce pauvre doit se retirer du banquet de la vie.* »

La Chambre pouvait répondre, à l'aide du bon sens naturel et des notions religieuses, infiniment plus respectables que la doctrine sociale :

Non, messieurs, non ! Toutes les carrières sont ouvertes pour le pauvre, s'il possède, avec l'intelligence, l'esprit de conduite et l'esprit de labeur. Nous vous défendons de citer un homme véritablement malheureux, sans qu'il le soit devenu par sa faute, après avoir obéi aux passions mauvaises, ou cédé aux instincts vicieux.

Ceci est une règle absolue.

Vous n'y trouverez, messieurs, d'autres exceptions que vous-mêmes, et, à côté de vous, quelques individus déclassés, qu'une ambition sans excuse jette forcément dans la misère.

Toutes les autres souffrances d'ici-bas ont leur remède dans la résignation, qui les préserve de l'aigreur, et dans la charité chrétienne, qui leur tend la main.

Foin de votre socialisme, quand nous avons l'Évangile!

M. Pierre Leroux publia, vers cette époque, son fameux livre de l'*Humanité*, qu'il espérait bien, définitivement et sans retour, mettre à la place de l'œuvre du Christ.

Or cette espérance échoua.

Le monde est si encroûté de vieilles er-
reurs et de préjugés gothiques !

Il paraît que l'Évangile doit nous rester
longtemps encore, puisque la philosophie
de Pierre Leroux, doublée de l'admirable
talent de madame Sand, n'a pu réussir à
le déchirer.

Pauvre sottise humaine, si tu savais
comme tu nous fais rire !

La Chambre s'égaya bien autant que
nous, lorsque le philosophe humanitaire
vint lui proposer d'inscrire le principe de
la *triade* dans le préambule de la Consti-
tution.

Il reproduisit plusieurs fois son amendement intempestif, au milieu de huées
olympiennes.

Enfin, va-t-on nous dire, qu'est-ce que la *triade?*

Nous accordons ici la parole au démocrate Thoré, jadis rédacteur de la *Vraie République;* il s'est donné la peine d'expliquer sérieusement cette partie de la doctrine.

« Pierre Leroux a remarqué, dit ce judicieux écrivain, que la loi de trinité, qui est le fond de sa philosophie, — sensation, sentiment, connaissance, — liberté, fraternité, égalité, — industriels, artistes, savants; — était aussi le principe constitutif, non-seulement de la famille, — père, mère, enfant, — mais encore de toute fonction particulière; que toute fonction se divise en trois sortes de travaux solidaires, mais pourtant distincts, et qu'elle s'exerce par trois hommes.

« Dans l'imprimerie, par exemple, il y a le compositeur, le correcteur, le pressier, qui contribuent indivisément au même résultat.

« Dans l'art, il y a l'architecte, le peintre, le sculpteur.

« Cette loi lui semble générale, et il en a fait l'expérience dans tous les arts et dans tous les métiers.

« Il faut donc trois hommes pour exercer une même fonction, et qui apportent dans le travail commun trois aptitudes principales, diverses, mais concordantes. Chaque homme assurément est à la fois industriel, savant, artiste; mais il s'applique plus particulièrement à un certain ordre de fonctions.

« Or, par une merveilleuse précaution de la nature, il est remarquable aussi que les amitiés, les compagnonnages, s'établissent ordinairement entre trois hommes. Deux amis n'ont pas la chance de vivre longtemps en harmonie. Il leur faut réciproquement un lien, comme il faut un enfant au père et à la mère, » etc., etc...

Quelle triomphante et magnifique théorie !

Nous pourrions objecter à M. Thoré le démocrate, comme aussi à notre cher philosophe, que certaines fonctions, celle de déraisonner, par exemple, peuvent être exercées à merveille par un seul et même individu.

Mais nous sommes trop poli pour insister sur un point semblable.

Toutes ces niaiseries, comme on le devine, se débitaient pour favoriser l'avènement du fameux système d'association, que les sectes socialistes voulaient imposer alors, non comme *utilité*, ce que le bon sens ne condamne point, mais comme *nécessité*.

La sagesse conseillait à Pierre Leroux d'appliquer d'abord la *triade* à ses livres. Deux cerveaux bien choisis, fraternisant avec le sien, l'auraient soutenu dans son argumentation. Ses écarts de logique n'eussent point été si burlesques.

Voyant tout par les yeux de son principe et l'appliquant au premier objet venu, il demande que le drapeau national soit *blanc, or, azur et pourpre.*

Mais voilà quatre couleurs! direz-vous.

Sans doute. Permettez-lui de s'expliquer.

« Le rayon de lumière est un et triple à la fois, comme la société, comme l'État. L'unité du rayon est le blanc; sa triplicité produit les trois couleurs or, azur et pourpre. Toute la symbolique prouve que l'homme, par un sentiment instinctif, a reporté constamment les trois couleurs primitives aux trois facultés indivises qui constituent sa nature, de cette façon : la couleur d'or à la connaissance, l'azur au sentiment, le pourpre à l'activité. »

O sublime raisonneur !

Si les femmes savantes de Molière avaient connu ce joli passage !

Il était impossible que l'Assemblée écoutât bénévolement les sornettes philosophiques de M. Pierre Leroux. Celui-ci, tout à fait dépourvu de science oratoire, se perdait dans son discours comme dans un labyrinthe, ne retrouvait plus le fil conducteur et pataugeait au milieu des ornières de la digression.

— Concluez! lui criait-on de droite et de gauche.

Or Pierre Leroux, nous l'avons dit, ne concluait jamais. Il s'emberlucoquait de ses phrases obscures et marchait dans ses ténèbres avec un aplomb vainqueur, appuyant chaque période de cette invariable locution :

« — C'est évident ! »

La Chambre prit le parti de se moquer de l'apôtre en tout et partout.

Un soir, elle s'amusa comme une bienheureuse de la parade grotesque d'un député d'Elbeuf, qui s'était mis à contrefaire le chef socialiste, à reproduire ses gestes, son intonation, sa pose, et à scander sur tous les tons le fameux « C'est évident ! »

M. Marrast se tenait les côtés [1], et les centres se pâmaient.

Un autre jour, dans une de ses harangues, notre philosophe s'efforce d'établir une distinction entre la véritable et la fausse propriété.

Sa démonstration paraît confuse, et le crayon de la caricature se charge de la rendre plus nette.

Il représente Pierre Leroux enlevant, de la main droite, un jeune garçon par les cheveux. Ces cheveux adhèrent parfaite-

---

[1] Il occupait alors le fauteuil de la présidence

nient à l'occiput : — propriété véritable !
Mais, de la main gauche, l'Hercule socialiste a voulu également enlever un vieux bonhomme, dont la perruque lui reste entre les doigts : — fausse propriété !

Cette guerre du ridicule faite à Pierre Leroux dépassa les bornes.

On accusa le chef socialiste d'être le personnage le plus malpropre de France et de Navarre. Cela est faux. Il y a dans sa mise un manque d'élégance peut-être, joint à quelque laisser-aller ; mais il peigne fort bien ses cheveux et brosse fort bien ses habits.

Réélu à l'Assemblée législative, Pierre est de tous les banquets démocratiques et sociaux.

Il porte à l'ancienne Montagne des toast solennels.

Nous avons vu, de nos propres yeux vu le saint apôtre présider, dans la plaine de Montrouge, le banquet des bergers.

O la noble fête républicaine!

Agapes des premiers jours du christianisme, où êtes-vous? Il est difficile de bien vous juger, à la distance où nous vous apercevons dans les siècles ; mais, à coup sûr, vous n'avez jamais eu le cachet pittoresque et canaille des festins socialistes.

Ivres de vin bleu, gorgés de veau froid, les hôtes de Montrouge couvrirent d'applaudissements frénétiques un long discours que prononça l'apôtre.

Jamais il ne se montra plus tendre dans ses divagations : il parlait à des cœurs simples.

Pour lui ce fut un beau triomphe et un beau jour. Le banquet avait lieu dans une immense étable, autour de laquelle circulait une foule curieuse.

Tous les convives étaient des bergers ou des vachères.

Une de ces dames, électrisée par l'éloquence de Pierre Leroux, s'élança vers lui en criant :

— Il faut que je vous embrasse !

L'exemple fut contagieux. Un autre convive féminin demanda l'accolade à son tour; puis un troisième, puis dix, puis quarante.

On ne compta plus.

Ce fut un déluge de baisers. Le pudibond philosophe tendit les joues à deux ou trois cents vachères.

Quelques mois plus tard, nous le voyons assister au banquet des dames socialistes, en l'honneur desquelles il a renouvelé, dit-on, le mot hardi d'Olympe de Gouges :

« — Vous avez le droit, citoyennes, de monter à la tribune, puisque vous montez à l'échafaud ! »

L'émancipation politique et sociale de la

femme est le dada favori de Pierre Leroux. Madame Sand n'a pas contribué médiocrement à le lui faire enfourcher.

Cette utopie fantasque semble au premier abord dériver de la doctrine de Saint-Simon ; mais, elle en diffère essentiellement, car celui qui la prêche n'entend affranchir la femme *électeur* ni de la fidélité conjugale, ni de la chasteté, ni du dévouement maternel.

Jamais il n'a voulu détruire la famille et le mariage.

On se rappelle qu'il est l'auteur du fameux amendement qui déclarait inéligibles les individus condamnés pour adultère. Nombre de députés bien pensants, mais qui n'étaient point d'irréprochables époux, se trouvèrent pris au piége.

A propos de son système d'émancipation du beau sexe, notre homme fut tancé vertement par ce bourru de Proudhon, qui ne balança point à le qualifier d'*insigne charlatan*.

Le doux philosophe prit la plume et répondit :

« Mon cher Proudhon, vous êtes l'enfant terrible du socialisme. »

Du reste, malgré sa boutade, l'auteur de *La propriété, c'est le vol*, conserve pour Pierre Leroux beaucoup d'estime. Quelques injures de plus ou de moins chez Proudhon ne tirent pas à conséquence.

L'année dernière, il dit à un ami du philosophe, qui revenait de Jersey :

— Je voudrais serrer la main à Leroux comme je vous la serre. Pourquoi ne consent-il point à revenir parmi nous, puisque l'Empereur l'y a fait inviter? Véritablement il nous manque. Ma personne, à moi, n'inspire aucune sympathie, tandis que Leroux est aimé de tout le monde.

Effectivement il est impossible de ne pas éprouver une sorte d'indulgence affectueuse pour cette bonne et franche nature, tombée dans le traquenard du paradoxe par la faute des circonstances et de son éducation.

L'attachement des adeptes de Pierre Leroux va jusqu'à l'idolâtrie. Jamais ils ne l'appellent autrement que *notre père Pierre*.

Et voilà, sans contredit, le plus grand malheur de la situation.

Car les masses inintelligentes et démoralisées par notre sotte bourgeoisie voltairienne, les ouvriers qui joignent à la sincérité du cœur l'ignorance de l'esprit, tous ceux enfin que l'exemple qui part d'en haut vient corrompre, et que vous apprenez à rire des croyances de nos pères, cherchent naturellement une religion pour remplacer celle qu'ils ont perdue.

Voyant un honnête homme égaré comme eux, et prêchant l'erreur, ils ne supposent pas qu'il se trompe. Ils vont à lui en toute conscience et en toute droiture.

Puis, une fois leur conviction faite, ils n'en démordent pas.

Si vous prononcez devant eux le nom du Christ, ils vous répondent : *Pierre Leroux*.

Heureusement la Providence est là pour réparer la sottise des hommes. Du principe même du mal, elle fait découler presque toujours un remède victorieux.

Pour vous en convaincre d'une manière absolue, récapitulons.

Le héros de cette histoire débute par l'athéisme.

Bientôt, néanmoins, sa conscience le ramène à Dieu et à la nécessité d'une foi religieuse. Il cherche, il trébuche de théories en théories, et se rapproche graduellement du christianisme, point immuable et sacré, qu'on retrouve toujours après avoir parcouru le cercle des tâtonnements philosophiques.

A l'heure qu'il est, si Pierre Leroux n'est point encore orthodoxe, on peut dire qu'il est essentiellement chrétien.

Nous ne saurions trop insister sur ce point.

Pour lui, comme pour ses disciples, il ne reste plus qu'un pas à faire, et l'on sera tout surpris de voir cet épouvantable fantôme du socialisme se fondre dans l'Évangile.

Après les événements de décembre, madame la comtesse d'Agout (Daniel Stern) cacha notre philosophe, au logement duquel on faisait une perquisition rigoureuse. Pierre Leroux, âgé de cinquante-cinq ans, n'était pas curieux d'expérimenter les douceurs d'un cachot politique.

Les messieurs Pereire, ex-saint-simoniens, lui obtiennent un sauf-conduit. Madame la comtesse d'Agout lui donne trois cents francs, et il part pour Londres avec toute sa famille.

Bientôt il s'y trouve exposé à la plus terrible détresse.

Il rejoint à Jersey ses frères Jules et Charles, employés l'un et l'autre dans un atelier typographique. Mais les ressources partagées ne peuvent suffire à la nourriture commune.

La famille de Pierre Leroux à Jersey se compose de trente et une personnes.

On dit que les savants n'engendrent pas; Pierre fait mentir l'axiome. Il a eu neuf enfants de son double hymen. Ses frères, mariés eux-mêmes, ont une nombreuse progéniture.

Notre philosophe ouvrit à Jersey un cours de phrénologie, avec entrée payante.

Il débuta par un magnifique portrait de saint Augustin, capable de convaincre ceux qui douteraient encore de la franchise de son retour et de sa prédilection sincère pour les hommes comme pour les choses de la religion.

Ce morceau d'éloquence chrétienne est imprimé; chacun peut le lire.

Pascal et Bossuet ne le désavoueraient pas.

Malheureusement Pierre Leroux, qui très-souvent manque de lucidité pour ses compatriotes, fut beaucoup moins clair encore pour des Anglais. Après s'être montrés assidus pendant quelques semaines, ceux-ci ne vinrent plus à son cours.

Sachant l'état de misère de la pauvre famille, Jean Reynaud s'empressa d'organiser une souscription à Paris.

Quelques milliers de francs, expédiés au philosophe, arrivèrent à propos pour l'aider à résoudre son problème du *circulus*.

Ici nous le laisserons lui-même vous donner des éclaircissements.

« Oserai-je, dit-il, montrer jusqu'à quel point le principe des économistes sur la rareté de la subsistance, comparée à la multiplication humaine, est réfuté par la nature? Pourquoi ne le ferais-je pas? pourquoi la délicatesse de notre langue m'empêcherait-elle de répondre, au nom de la nature, à celui qui a osé écrire : « Un homme qui naît dans ce monde déjà
« occupé, si les riches n'ont pas besoin

« de son travail, est de trop sur la terre ? »

« La nature a établi un *circulus* entre la production et la consommation. Nous ne créons rien; nous n'anéantissons rien; nous opérons des changements. Avec des graines, de l'air, de la terre, de l'eau et des fumiers, nous produisons des matières alimentaires pour nous nourrir; et, en nous nourrissant, nous les convertissons en gaz et en fumiers qui en produisent d'autres.

« C'est là ce que nous appelons consommer. La consommation est le but de la production, mais elle en est aussi la cause.

« Que la religion, si méprisée de

économistes, est belle, et que leur science est petite! La religion, qui enseigne à l'homme sa spiritualité et lui assigne la vie éternelle, ne craint pourtant pas de lui dire qu'il est poussière, cendre, terre; qu'il en est sorti et qu'il y rentrera.

« Les savants de nos jours ne sont pas même capables de tirer quelque conclusion élevée de leur science matérialiste.

« Consultez-les, ils vous diront que l'engrais excrémentiel de l'homme est le plus fécondant qui existe, et que la quantité de cet engrais provenant du genre humain suffirait à la fécondation des terres qui contribuent à la nourriture en céréales de ce genre humain tout entier, chaque homme en fournissant assez pour la reproduction de la quantité de froment nécessaire à sa propre alimentation[1].

« Ils ont reconnu ce rapport; ils devaient en conclure le droit de chaque homme à la subsistance.

« Mais il y a si peu de lien aujourd'hui entre toutes les sciences, que, tandis que les agronomes découvrent cette vérité, les économistes l'ignorent ou n'en concluent rien, plus occupés qu'ils sont de la prospérité des capitaux que des droits de l'homme. »

« [1] Voyez les ouvrages de Thaër et de Wogth, les cours de l'école de Grignon, les analyses des chimistes et celles, entre autres, de MM. Payen et Boussingault. »

Ainsi voilà le *circulus* de Pierre Leroux expliqué, ou à peu près.

Il veut associer les hommes, en les groupant. Mais cela ne suffit pas ; il faut trouver moyen de les nourrir pas l'association.

Donc, il se préoccupe, depuis son arrivée à Jersey, de l'emploi d'une sorte de guano, qui rendrait fertile le sol le plus ingrat.

N'ayant pas un pouce de terre à sa disposition, le vieux socialiste eut la constance de répandre cet engrais sur la berge des chemins.

Au bout de sept à huit jours, il allait constater le résultat.

Un gazon magnifique et luxuriant croissait partout.

Les propriétaires de l'île, qui font un grand commerce de fleurs et de fruits pour Londres, adoptent les procédés de Pierre Leroux, s'en trouvent à merveille, et lui témoignent de temps à autre leur reconnaissance par un banquet.

Toute la famille est aujourd'hui dans une ferme de la baie de Saumarez, près Saint-Hélier.

Grâce à la souscription de Jean Reynaud, le philosophe a pu louer cette ferme et y continuer ses expériences sur une grande échelle.

A partir du moment où sa doctrine sociale se réduit à chercher la richesse pour tous dans l'agriculture, nous souhaitons de grand cœur qu'il obtienne un plein succès.

De pareilles idées n'arment point la guerre civile.

Pierre Leroux, nous le répétons, est le plus excellent homme de la terre, une sainte et candide nature, un cœur d'or.

— Il ne donnerait pas un soufflet à une mouche, a dit Proudhon.

Ses mœurs sont pures; il mène au milieu des siens une vie patriarcale, et sa plus grande peine est de vivre hors de France.

Il eût certainement accepté l'invitation que lui a faite l'Empereur, s'il ne craignait pas les reproches et la colère du parti brutal auquel il a le malheur d'appartenir. Ses frères et ses gendres ayant, à diverses reprises, parlé d'une émigration au Canada, Pierre Leroux n'y donna point son consentement.

— Je veux, dit-il, mourir dans la vieille Europe, et sentir encore, à travers la mer, le souffle de la patrie.

FIN.

ÉPILOGUE

Notre réponse à M. Alphonse Karr devait paraître en tête de ce volume. Comme elle est un peu longue et que la place nous manque, nous la réservons pour le volume prochain.

Le signal de l'attaque est universellement donné contre nous.

Cela devient grave. Nos ennemis se rangent en bataille et nous décochent leurs flèches de Parthes.

Allez, messieurs, allez! nous sommes à l'abri sous le bouclier de la conscience. Vous pouvez calomnier à loisir. Le public ne vous croit pas, et jamais la préoccupation de répondre ne nous écartera du chemin que nous avons promis de suivre.

Pourquoi voulez-vous que nous ramassions le javelot lancé par de misérables enfants perdus des lettres, dont la jalousie abjecte et les ignobles instincts se trahissent à chaque ligne?

Leurs articles déshonorent les feuilles qui les insèrent; voilà tout.

ÉPILOGUE

Soyez tranquilles, messieurs, la presse honnête nous défendra quelque jour. Elle sait que nous flétrissons l'immoralité littéraire, et que, depuis le commencement de cette œuvre, nous n'hésitons jamais à aller prendre le talent inconnu pour le montrer au grand soleil.

Nous remercions *Figaro* d'avoir reproduit notre réponse à Jules Janin.

Si bon lui semble, il pourra reproduire également celle qui s'imprime à l'adresse de M. Karr.

Lorsque les chefs nous attaquent, nous rendons coup pour coup, blessure pour blessure; car leurs armes sont de fine trempe, et le public, si nous n'y prenions garde, s'aviserait peut-être de les croire vainqueurs.

Mais, pour les goujats de l'armée, fi donc! Toutes leurs plumes réunies ne nous effleurent même pas l'épiderme.

EUGÈNE DE MIRECOURT.

Paris, 4 juin 1856.

Soyez tranquilles, messieurs, la presse honnête nous défendra quelque jour. Elle sait que nous flétrissons l'immoralité littéraire, et que, depuis le commencement de cette œuvre, nous n'hésitons jamais à aller prendre le talent inconnu pour le montrer au grand soleil.

Nous remercions *Figaro* d'avoir reproduit notre réponse à Jules Janin.

Si bon lui semble, il pourra reproduire également celle qui s'imprime à l'adresse de M. Karr.

Lorsque les chefs nous attaquent, nous rendons coup pour coup, blessure pour blessure ; car leurs armes sont de fine trempe, et le public, si nous n'y prenions garde, s'aviserait peut-être de les croire vainqueurs.

Mais, pour les goujats de l'armée, fi donc! Toutes leurs plumes réunies ne nous effleurent même pas l'épiderme.

EUGÈNE DE MIRECOURT.

Paris, 4 juin 1856.

Monsieur Garnier
Monsieur,

La Séance de l'assemblée étant indiquée aujourd'hui même pour 1 heure, il me sera impossible d'être à notre rendez-vous.

J'aurai l'honneur de me rendre chez vous demain à 10 heures, de façon à ne vous causer aucun dérangement.

Je verrai m.\ Sandré pour le prévenir

Votre serviteur
J. Leroux

Jeudi 3 août